BEI GRIN MACHT SICH IHR WISSEN BEZAHLT

- Wir veröffentlichen Ihre Hausarbeit,
  Bachelor- und Masterarbeit

- Ihr eigenes eBook und Buch -
  weltweit in allen wichtigen Shops

- Verdienen Sie an jedem Verkauf

Jetzt bei www.GRIN.com hochladen und kostenlos publizieren

Waldemar Spomer

Marketing in Social-Networks

Das große Umdenken in diesem Medienumfeld

GRIN Verlag

Bibliografische Information der Deutschen Nationalbibliothek:

Die Deutsche Bibliothek verzeichnet diese Publikation in der Deutschen National-
bibliografie; detaillierte bibliografische Daten sind im Internet über http://dnb.d-
nb.de/ abrufbar.

Impressum:

Copyright © 2009 GRIN Verlag GmbH
Druck und Bindung: Books on Demand GmbH, Norderstedt Germany
ISBN: 978-3-640-35137-4

Dieses Buch bei GRIN:

http://www.grin.com/de/e-book/129382/marketing-in-social-networks

GRIN - Your knowledge has value

Der GRIN Verlag publiziert seit 1998 wissenschaftliche Arbeiten von Studenten, Hochschullehrern und anderen Akademikern als eBook und gedrucktes Buch. Die Verlagswebsite www.grin.com ist die ideale Plattform zur Veröffentlichung von Hausarbeiten, Abschlussarbeiten, wissenschaftlichen Aufsätzen, Dissertationen und Fachbüchern.

Besuchen Sie uns im Internet:

http://www.grin.com/

http://www.facebook.com/grincom

http://www.twitter.com/grin_com

Marketing in Social-Networks

Hausarbeit
im Fach Content Management
Studiengang Wirtschaftinformatik

Hochschule der Medien

Verfasser: Waldemar Spomer

Stuttgart, 28. Februar 2009

Kurzfassung

Gegenstand der hier vorgestellten Arbeit ist das Marketing in sozialen Netzwerken. Soziale Netzwerke eröffnen Unternehmen ungeahnte Möglichkeiten neue Produkte zu entwickeln und diese auf dem Markt zu positionieren. Die rasante Entwicklung von Web-2.0 in den letzten Jahren ist ein Indikator dafür, welches Potenzial hinter den Anwendungen des neuen Webs steckt. Es gibt eine Vielfalt neuer Werkzeuge derer sich ein Unternehmen bedienen kann. Es kann über Freundschaftsnetzwerke wie StudiVZ oder Facebook Profildaten über die User sammeln. Diese Daten dann mit geschickten viralen Kampagnen verknüpfen. Oder völlig neue Wege gehen in dem es Peer Production nutzt oder sich Wettbewerbsvorteile mit partizipativen Netzwerken verschafft. Unternehmen, an denen diese Entwicklung bisher vorbei gegangen ist sollten von Pionieren wie Google, Amazon oder eBay lernen.

Schlagwörter: Web-2.0, Soziale Netzwerke, Marketing, Peer Production, partizipative Plattformen, Wettbewerbsvorteile

Abstract

Subject of the here presented work is the marketing in social networks. Social networks can show companies unimagined ways to develop new products and to launch them on the market. Rapid development of Web-2.0 in recent years is an indicator for the potential behind Web-2.0 applications. There is a diversity of new tools which these companies can use. There are friendship-networks like StudiVZ, where companies can gain a lot of information out of user profiles. This data could be used cleverly in viral marketing campaigns. But the companies could walk along entirely new ways where they use Peer Production or the competitive advantages of participatory networks. Companies missed this development should learn from pioneers like Google, eBay or Amazon.

Keywords: Web-2.0, social networks, marketing, Peer Production, participatory networks, competitive advantages

Abbildungsverzeichnis

Inhaltsverzeichnis

1   Einleitung

Millionen von Medienfans nutzen heute Blogs, Wikis, Chatrooms und sogenanntes Personal Broadcasting durch Podcasts und Videos oder selbst hergestellte Nachrichtensendungen. Dieses laute Gewirr aus Dialog und Debatte wird Blogosphäre genannt.

In dieser Blogosphäre steckt ein riesiges Potenzial, welches sich kluge Unternehmen heute schon zu Nutze machen.

Sei es durch angepasste Werbung in Freundschaftsnetzwerken, wie Facebook oder MySpace, durch innovative Ideen wie der Open-Source-Ansatz, den sich IBM bei Linux zu Nutze gemacht hat, durch Schaffung partizipativer Plattformen oder durch geschicktes virales Marketing.

Kluge Unternehmen bekämpfen das Wachstum solcher Online-Communitys nicht, sondern versuchen sie zu fördern. Viele dieser Communitys sind an den Rändern des Webs entstanden und sind in kürzester Zeit zu riesigen Netzwerken mit Millionen von Nutzern angewachsen.

Es gibt viele Unternehmen, die die Zusammenarbeit mit solchen Communitys, über Unternehmensgrenzen hinweg, für sich entdeckt haben, um Kosten zu senken, Innovationen schneller voran zu treiben und mit Kunden und Partnern neue Produkte zusammen zu entwickeln.

Die Möglichkeiten, Web 2.0-Technik in der Geschäftswelt einzusetzen, sind vielfältig. Im Folgenden werde ich auf die Vorgehensweisen dieser Unternehmen eingehen und anhand von Beispielen versuchen zu verdeutlichen, wie es ihnen gelingt sich im Businessumfeld des 21. Jahrhundert zu etablieren.

2   Soziale Netzwerke

In der Soziologie werden soziale Netzwerke als soziale Interaktion beliebigen Typs verstanden.[1]

Soziale Netzwerke stehen umgangssprachlich für eine Form von Netzgemeinschaften, welche technisch durch Web 2.0 Anwendungen oder Portale beherbergt werden. Sie bieten dem Nutzer oft vielfältige Funktionen, wie etwa:

- *Persönliches Profil*, mit diversen Sichtbarkeitseinstellungen für Mitglieder der Netzgemeinschaft oder generell der Öffentlichkeit des Netzes

- *Kontaktliste* oder *Adressbuch*, samt Funktionen, mit denen die Verweise auf diese anderen Mitglieder der Netzgemeinschaft (etwa Freunde, Bekannte, Kollegen usw.) verwaltet werden können (etwa Datenimport aus E-Mail Konto oder anderen Portalen)

- Empfang und Versand von *Nachrichten* an andere Mitglieder (einzeln, an alle usw.)

- Empfang und Versand von *Benachrichtigungen über diverse Ereignisse* (Profiländerungen, eingestellte Bilder, Videos, Kritiken, Anklopfen usw.) [2]

Die Funktionen können aber auch durch Blogs, Wikis und Chatrooms erweitert werden.

2.1   Blogs

Ein Weblog (Wortkreuzung aus engl. World Wide Web und Log für Logbuch), meist abgekürzt als Blog, ist ein auf einer Website geführtes und damit öffentlich einsehbares Tagebuch oder Journal. Häufig ist ein Blog „endlos", d. h. eine lange, abwärts chronologisch sortierte Liste von Einträgen, die in bestimmten Abständen umbrochen wird. Es handelt sich dabei zwar um eine Website, die aber im Idealfall nur eine Inhaltsebene umfasst. Ein Blog ist ein für den Herausgeber („Blogger") und seine Leser einfach zu handhabendes Medium zur Darstellung von Aspekten des eigenen Lebens und von Meinungen zu oftmals spezifischen Themengruppen. Weiter vertieft, kann es auch sowohl dem Austausch von Informationen, Gedanken und Erfahrungen als auch der Kommunikation dienen. Insofern kann es einem Internetforum ähneln, je nach Inhalt aber auch einer Internet-Zeitung.[3]

Blogs werden aber heute auch schon im geschäftlichen Umfeld angewendet. In der Marktforschung etwa sei der Wert von Social Software bereits hinlänglich bekannt, berichtet Professor Joachim Hasebrook von der Wissenschaftlichen Hochschule Lahr. So ließen sich zum Beispiel durch die Analyse von Weblogs die Besucherzahlen für Kinofilme vorhersagen. Die Genauigkeit solcher Prognosen liege bei 90 Prozent.

Das größte Potenzial für Web 2.0 im geschäftlichen Umfeld liegt aber sicherlich in der internen Nutzung. Der Autohersteller Opel bringt seine Vertriebs- und Servicemitarbeiter mit Hilfe von Blogs und Podcasts auf den neuesten Wissensstand. Statt Präsenzse-

---

[1] http://de.wikipedia.org/wiki/Soziales_Netzwerk_(Soziologie), Zugriffsdatum 16.12.08

[2] http://de.wikipedia.org/wiki/Soziales_Netzwerk_(Informatik), Zugriffsdatum 16.12.08

[3] Horn, D und Fiene, D (2008): Mitmachen im Web 2.0. Das Blogger-Buch, Franzis Verlag GmbH, Deutschland

minare zu besuchen, erhalten die Angestellten in fünf bis zehnminütigen Audiolektionen Informationen zu Produkt-, Finanzierungs- oder Marketingthemen. Die Erfolge mit Social Software lassen sich sogar beziffern: Opel etwa reduziert durch die Podcasts den finanziellen und zeitlichen Aufwand für Lehrgänge. Zudem wird indirekt die Qualität des Vertriebs gesteigert.[4]

2.2 Wikis

„Wikis können sowohl auf einem einzelnen Rechner (Desktop-Wiki), in lokalen Netzwerken oder im Internet eingesetzt werden. Sie ermöglichen es verschiedenen Autoren, gemeinschaftlich an Texten zu arbeiten. Ziel eines Wikis ist es im Allgemeinen, die Erfahrung und den Wissensschatz der Autoren kollaborativ auszudrücken (sog. Kollektive Intelligenz)."[5]

Diese kollektive Intelligenz versucht sich auch der Mineralkonzern Shell zu Nutze zu machen. Shell setzt für den Bereich Schulung und Ausbildung eine eigens entwickelte Wiki-Plattform ein.

Doch die Social Software dient bei Shell noch zu weitaus mehr: Es geht um eine Verbesserung des generellen Wissensmanagements in dem Konzern. Das Know-how in den Köpfen der einzelnen Mitarbeiter solle für alle Mitarbeiter kollektiv verfügbar sein. Derzeit greifen zirka 45.000 Anwender auf die Wiki-Lösung zu. Neben Texten finden sich in dem System auch geologische Abbildungen und Grafiken, deren Verfügbarkeit für die entsprechenden Experten von großer Bedeutung ist. Durch diesen doch sehr großen Erfolg solle auch das Intranet auf lange Sicht durch das Wiki ersetzt werden.

Mit der Web 2.0-Lösung will Shell unter anderem deshalb sein Wissensmanagement in Schwung bringen, weil dem Konzern zunehmend das Know-how von Mitarbeitern fehlt, die in Ruhestand gehen. Dies sei laut Shell ein großes internes Problem. In einigen Fällen seien bereits pensionierte Angestellte wieder angeworben worden, um die Wissenslücken zu schließen.

Folgendes Schaubild verdeutlicht die zukünftige Wichtigkeit von Social-Software für Unternehmen:

OHNE NETZWERKE GEHT NICHTS
Diese Social-Media-Tools nutzen US-Firmen

Angaben in Prozent	2007	2008
Soziale Netzwerke	27	49
Online-Videos	24	45
Blogs	19	39
Schwarze Bretter/Bulletin Boards	33	35
Wikis	17	27
Nichts	43	23
Podcasts	11	21

Quelle: Social Media in the Inc. 500   © **W&V**

Abbildung 1: Social-Media-Tools[6]

---

[4] Computer Zeitung, Heft 38, 2008, S. 9

[5] http://de.wikipedia.org/wiki/Wikis, Zugriffsdatum 16.12.08

[6] Quelle: Werben & Verkaufen, Heft Nr. 43, 2008

3 Virales Marketing in sozialen Netzwerken

Viral Marketing befasst sich damit, Markenbotschaften, Produktnachrichten und Innovationen so aufzubereiten, dass sie sich über das Internet durch das Weiterleiten bzw. Weiterempfehlen der Nutzer, etwa durch Mund-zu-Mund-Propaganda, möglichst mit exponentiellen Wachstumsraten, verbreiten. Unterscheiden kann man dabei zwischen Produkten und Dienstleistungen, deren Nutzung selbst virale Effekte auslöst – bei denen also der virale Effekt und sogenannte virale Kampagnen in das Produkt eingebaut sind.[7]

Doch dem anfänglichen Hype von Viral Marketing in sozialen Netzwerken wurde durch die Erfahrungen der letzten Zeit ein Dämpfer verpasst. Wie das Marktforschungsunternehmen Jupiter Research zu berichten weiß:

„Die Werbebudgets für soziale Netzwerke wachsen zwar, aber langsamer als erwartet. Das ist der große Unterschied zum Suchmaschinenmarketing, in das sehr schnell sehr viel Geld geflossen ist. Der Zusammenhang zwischen Budgethöhe und Erfolg ist in sozialen Netzwerken nicht so stark wie im Suchmaschinenmarketing oder der Bannerwerbung."[8]

Viele Unternehmen stellen ihre Werbung, die konzipiert ist wie herkömmliche Online-Werbung, auf die Webseiten dieser Netzwerke und erhoffen sich einen starken viralen Effekt. Die Vorteile, die durch die Interaktion mit dem Nutzer entstehen werden einfach verschenkt.

Doch gerade dieser Dialog mit den Kunden ist der Schlüssel zum Erfolg einer solchen Kampagne. Solche Interaktionen können durch Gewinnspiele oder Wettbewerbe realisiert werden. Beispielsweise hat das Mobilfunkunternehmen o2 in Großbritannien eine Kampagne gestartet, die die Studenten auffordert die beste Universität Englands zu küren und als Preis eine große Party für alle teilnehmenden Studenten ausgeschrieben. Mit 100.000 Studenten ein großer Erfolg.

Doch nachdem man dreimal ein Gewinnspiel oder Wettbewerb ausgeschrieben hat, wird es langsam langweilig. Die Werbung muss viel mehr einen Unterhaltungscharakter besitzen und relevant für den jeweiligen User sein. Deshalb setzten Unternehmen auch große Hoffnungen auf Targeting-Systeme, mit denen sich Werbekampagnen passend zu den Profildaten der Nutzer einblenden lassen.

Dazu kommt das man als Unternehmen ein Stück weit die Kontrolle über die Marke aufgeben muss, weil Mund-zu-Mund-Propaganda auch negative Erfahrungen weitergeben kann. Dafür müssen die Unternehmen ein neues Markenverständnis aufbauen und lernen andere Meinungen zu akzeptieren und aus ihnen zu lernen.[9]

---

[7] http://www.connectedmarketing.de/cm/2006/01/was_ist_viral_m.html, Zugriffsdatum 16.12.08

[8] http://faz-community.faz.net/blogs/netzkonom/archive/2008/06/30/quot-virales-marketing-ist vollkommen-252-berbewertet-quot.aspx, Zugriffsdatum 16.12.08

[9] http://faz-community.faz.net/blogs/netzkonom/archive/2008/06/30/quot-virales-marketing-ist vollkommen-252-berbewertet-quot.aspx, Zugriffsdatum 16.12.08

4 Der Nutzen von Sozialen Netzwerken für das Marketing

StudiVZ, die beliebteste deutsche Community, schreibt Verluste. Nachdem der Holtzbrinck-Verlag die StudiVZ-Gruppe, StudiVZ, SchülerVZ und MeinVZ, in sein Portfolio für rund 85 Millionen Euro Investitionskosten integriert hat, gab es für die Vermarktung kein geeignetes Konzept.

Nach einem Führungswechsel in der VZ-Gruppe soll jedoch alles anders werden.

Nachdem Banner und Brand-Communities nur viel Lärm um wenig Umsatz gemacht haben, ist es jetzt das oberste Ziel der Marketing-Manager die Nutzer besser zu verstehen.

Sie müssen versuchen die Bedürfnisse, Vorstellungen und die Lebenswelten der Nutzer besser kennenzulernen und diese Erkenntnisse sinnvoll zu nutzen. „Über die Profile der Menschen kann man viel mehr und viel tiefere Informationen bekommen", sagt Marc Drüner, Professor an der Universität Berlin.[10] Die Nutzer geben über ihre Interessen und Einstellungen lieber Auskunft als über soziodemografische Daten, die für das klassische Marketing von hoher Relevanz sind.

Demnach war es auch sehr schwer die Menschen in Communities direkt mit der klassischen Online-Werbung zu erreichen. Was aber ein noch viel wichtigerer Faktor ist, ist dass die Nutzer sich in einem sogenannten Social-Mode befinden, wenn sie die Community besuchen. Sie wollen sich mit ihren Freunden austauschen und sind nicht auf der Suche nach Möglichkeiten etwas zu kaufen.

Gelingt es jedoch die Nutzer auch außerhalb ihrer Community zu identifizieren und ihnen passgenaue Kaufangebote zu unterbreiten, können die Daten aus den Profilen sinnvoll genutzt werden. Dazu muss es aber dem Vermarkter gelingen, seine neuen Kundengruppen in ein Umfeld zu lenken, in dem sie kaufbereit sind. Dieses Umfeld könnte beispielsweise ein an die Community angedockter E-Commerce Shop sein.

Das folgende Schaubild versucht die Vorgehensweise mit der sich Vermarkter in das Soziale Netzwerk integrieren können, darzustellen:

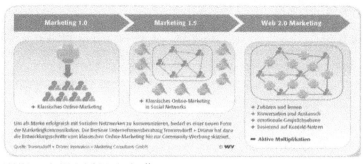

Abbildung 2: Web 2.0 Marketing[11]

---

[10] Werben & Verkaufen, Heft Nr. 45, 2008

[11] Werben & Verkaufen, Heft Nr. 45, 2008

Versuche in diese Richtung werden zurzeit in einer FC Bayern Web-2.0-Community entwickelt. Es wird daran gearbeitet jeden Fan seinem Bedarf entsprechend so zu bedienen, dass er bereit ist für Content, Merchandising oder Tickets Geld zu bezahlen. Sobald man weiß welche Bedürfnisse der Nutzer in dieser Richtung zu befriedigen sucht, werden ihm die entsprechenden Angebote gemacht. Diese Angebote wirken viel effektiver als Bannerwerbung oder ähnliche Praktiken.

Doch das Marketing in sozialen Netzten kann auch viel weiter darüber hinaus gehen, als nur die simple Nutzung der Daten aus Profilen um wiederum Profile für das Marketing zu erstellen. Wie kann man das geballte Potenzial der Communities für Produktentwicklung und Innovation nutzen? Diese neuen Möglichkeiten werden nun im Folgenden dargelegt.

5   Peer Production

Der Erfolgsgeschichte von Projekten wie Wikipedia oder Linux liegt ein grundlegendes Prinzip zu Grunde, die Peer Production. Doch was ist Peer Production eigentlich?

In seiner reinsten Form ist es eine Art, Güter und Dienstleitungen zu produzieren, die ganz auf selbstorganisierten, egalitären Gemeinschaften von Individuen beruht, die freiwillig zusammen kommen, um an einem gemeinsamen Projekt zu arbeiten.[12]

Doch in der Realität mischt sich Peer Production mit hierarchischen Elementen und Selbstorganisation und beruht auf folgendem Organisationsprinzip: Die erfahrensten Mitglieder der Community übernehmen eine Führungsrolle und helfen die Beiträge der anderen zu integrieren.

Doch wie können nun lockere Peer-Production-Netzwerke Güter und Dienstleistungen produzieren, die mit den Erzeugnissen einer großen Firma mit viel Geld konkurrieren können?

In vielen Peer-Production-Communities ist die Mitarbeit insofern freiwillig, weil niemand die Nutzer zwingt, beispielsweise einen Beitrag bei Wikipedia unterzubringen oder ein Code bei Linux beizutragen. Die Nutzer entscheiden selbst welchen Nutzen sie von ihrer Beteiligung haben und welches Projekt sie durch ihre Kompetenzen unterstützen. Wenn Menschen durch Selbstauswahl an einem Projekt mitmachen, werden sie mit hoher Wahrscheinlichkeit die Aufgaben wählen, für die sie ganz besonders qualifiziert sind. Solange eine Community Mechanismen hat, schwache Beiträge auszusondern, werden mit hoher Wahrscheinlichkeit die richtigen Leute und die richtigen Aufgaben zusammenkommen, als es der Fall ist, wenn eine einzelne Firma mit viel geringeren Human-Ressourcen eine solche Zusammenführung versucht.

Doch diese Zusammenarbeit wirft natürlich urheberrechtliche Fragen auf. Wem gehören diese Werke rechtlich?

Communities von Produzenten verwenden im Allgemeinen „General Public Licences", die Usern das Recht geben, kreative Erzeugnisse zu nutzen und zu verändern, sofern die Veränderungen wieder mit der Community geteilt werden. Indem solche Lizenzen das Recht zu verbreiten und zu verändern einräumen, erlauben sie, dass sehr viele Beiträger frei mit sehr vielen Informationen umgehen, auf der Suche nach neuen Projekten und Chancen zur Kooperation.

Doch die Motivation bei solchen Projekten mitzuarbeiten ist meistens vielschichtiger als der bloße Spaß an der Sache oder einfach ein Erfolgserlebnis zu verspüren. Die meisten Menschen, die in ihrer Freizeit an Linux arbeiten, sind auch hauptberuflich in dieser Branche tätig, d.h. die Mitarbeit bringt ihnen auch Erfahrung, Bekanntheit und Verbindungen und wenn sie gut sind ein hohes Ansehen in der Community, was sich als höchst wertvoll für ihre Karriere erweisen kann. Darüber hinaus werden viele Menschen von den Firmen, bei denen sie arbeiten, für die Mitarbeit an Linux bezahlt. Die größten und wichtigsten Beiträge für Linux kommen auch tatsächlich aus Firmen wie IBM und Intel, die die Software natürlich auch auf kommerzielle Art für ihre Geschäftsmodelle nutzen.

---

[12] Tapscott, D. und Williams, A. D. (2007): Wikinomics: Die Revolution im Netz. S.65f. Carl Hanser Verlag, München, Deutschland

Doch trotz all dieser Vorteile müssen folgende Bedingungen erfüllt sein bevor solch ein Projekt Erfolg hat:

- Das Produkt ist Information oder Kultur, dann sind die Kosten für die Beteiligung niedrig
- Die Aufgaben können in Portionen von Byte-Größe aufgeteilt werden, sodass Beiträge unabhängig von anderen Produzenten möglich sind
- Die Kosten für die Integration der einzelnen Teile in das fertige Endprodukt einschließlich Qualitätskontrolle und Koordination müssen niedrig sein

Dadurch ist die Investition an Zeit und Energie minimal in Relation zum möglichen Ertrag. Zusätzlich braucht man Systeme für die Kontrolle durch Gleichrangige und Führer, die die verschieden Interaktionen lenken und helfen, die Beiträge der User zu integrieren. Außerdem muss es Regeln für die Kommunikation geben, um schlechte Beiträge von vorneherein auszusieben.

Doch trotz dieser Hindernisse funktioniert die Peer Production, wie die Erfolgsgeschichte von Linux beweist. Und nicht zu letzt liegt es daran, weil die Produzenten Spaß an der Sache haben und Peer Production kurzum einfach leistet, was sie soll.[13]

---

[13] Tapscott, D. und Williams, A. D. (2007): Wikinomics: Die Revolution im Netz. S.67-70. Carl Hanser Verlag, München, Deutschland

6   Der Open-Source-Ansatz am Beispiel von Linux

Als Linus Torvalds eine erste Version von Linux auf einem kaum bekannten Software-Board ins Netz stellte, hätte noch kaum jemand geglaubt, dass diese Open-Source-Software solch einen großen Erfolg haben würde.

Doch innerhalb weniger Jahre hat sich Linux zu einem Multimilliarden-Dollar-Ökosystem entwickelt und die Machtverhältnisse in der Software-Branche gründlich durcheinander gewirbelt. Firmen, die einst darum kämpften, den lukrativen Markt für Computerbetriebssysteme mit proprietären Lösungen zu beherrschen, sahen sich auf einmal einer Alternative gegenüber, die in einem lockeren Netzwerk von Programmierern entstanden ist, die keinen Profit im Sinn hatten.

Während Linux rasch Verbreitung findet, begreift eine Firma ganz besonders die neuen Möglichkeiten, die ihr der Open-Source-Ansatz von Linux bietet. Diese Firma war IBM.

IBM war nicht gerade der naheliegende Kandidat um sich einen solchen Ansatz zu Nutze zu machen, denn immerhin wurde das Geschäftsmodell von IBM durch proprietäre Lösungen getragen. Über Jahrzehnte entwickelte IBM Software, die nur auf IBM Computern lief. IBM nannte das Account-Kontrolle.

Doch IBM hat diesen Kurs nicht aus einer Position der Stärke eingeschlagen. Zu dieser Zeit kamen die proprietären Angebote von IBM im Bereich Webserver und Betriebssysteme einfach nicht an und die Firma hatte es schwer gegen ihren etablierten Rivalen Microsoft anzukämpfen.

Heute werden mit Linux-Dienstleistungen und Linux-Hardware Milliarden Dollar jährlich verdient. Und IBM schätzt, dass es beinahe eine Milliarde Dollar jährlich einspart gegenüber dem was es gekostet hätte, wenn IBM ein eigenes Betriebssystem entwickelt hätte.

Doch dieses Betriebssystem hatte nur so einen großen Erfolg, weil Linux sich der Apache-Gruppe anschloss, einem Team von Programmierern, die Serversoftware für Websites entwickelt hatten. Apache hatte zu dieser Zeit bereits die Hälfte des Marktes für Webserver besetzt und Domino, das Produkt von IBM hatte gerade einmal weniger als einen Prozent Marktanteil. IBM verpflichtete sich, dass alle seine Produkte die Apache-Server unterstützen sollen und koppelte die Infrastruktur von Apache mit Linux und somit entstand die berühmte Webentwicklungsumgebung LAMP (Linux, Apache, MySQL und PHP/Perl), wobei die letzen beiden Elemente erst später implementiert wurden.

Doch wie gelang IBM der Einstieg in die Linux-Community?

Im Jahr 1999 bildete IBM eine Linux Entwicklergruppe. Ihr Leiter Dan Frye sagt, am schwierigsten sei es gewesen, sich den richtigen Zugang zu überlegen und kam zu dem Schluss, dass es am besten in eine solche Community hineinkommt, wenn man die unspektakulären Aufgaben übernimmt. IBM half mit die Zuverlässigkeit von Linux zu verbessern, indem es Codes testete, Fehler beseitigte, Dokumentationen schrieb und eigene Codes und Werkzeuge frei zugänglich machte.

IBM ließ sich nicht nur auf die Softwareprodukte und die Verfahren der Open-Source-Community ein, sondern auch auf die Philosophie die dahinter lag. Qualität und rasches Wachstum sind viel wichtiger als Gewinne aus proprietärem geistigem Eigentum. An einer bestimmten Stelle hätte IBM sicher eine eigene Linux-Version auf den Markt bringen können, doch sie haben sich dagegen entschieden und setzten stattdessen auf Distributionen von Firmen wie Red Hat und Suse.

Auf soviel Kontrolle zu verzichten ist in der bisherigen Business-Welt sehr ungewöhnlich, aber der Lohn dafür ist doch sehr ansehnlich. IBM gibt an, dass sie rund 100 Millionen Dollar im Jahr für die allgemeine Linux-Entwicklung ausgeben. Wenn jetzt die gesamte Linux-Community aber eine Milliarde Dollar investiert und nur die Hälfte IBM Kunden zugute kommt, so bekommt IBM Softwareentwicklungen im Wert von 500 Millionen Dollar. Linux bietet IBM eine funktionsfähige Plattform, die genau auf ihre Bedürfnisse zugeschnitten ist, für nur 20 Prozent der Kosten, die sie für ein proprietäres Betriebssystem hätten aufwenden müssen.

Durch dieses Wissen und die Erfahrung bei der Zusammenarbeit mit einer Community hat IBM sich eine neue Form der Wertschöpfung geschaffen. Die Fähigkeit zu Partnerschaft und Kooperation und das Wissen über den Umgang mit Communities, die es nicht direkt kontrolliert, sind sehr wichtige Werkzeuge, deren Handhabung die Konkurrenten erst noch erlernen müssen.[14]

---

[14] Tapscott, D. und Williams, A. D. (2007): Wikinomics: Die Revolution im Netz. S.77-80. Carl Hanser Verlag, München, Deutschland

7   Partizipative Plattformen am Beispiel von Amazon, Google und eBay

Im Jahr 2005 entwickelte Paul Rademacher ein sogenanntes Mashup. Er musste beruflich oft umziehen und bekam es satt, dass er für jedes Haus, das er sich anschauen wollte erst einmal ein Stapel Google-Karten runterladen musste. Also entwickelte er eine neue Webseite, die sein Problem lösen sollte.

Auf dieser Webseite kombinierte er die Online-Wohnungsanzeigen des Kleinanzeigendienstes Craiglist mit dem Kartenservice von Google. Auf der Startseite gibt man eine Stadt und ein Preisspektrum ein, und schon erscheint eine Karte mit Markierungen, die man anklicken kann, um Adresse und Beschreibung der gewünschten Mietobjekte abzurufen.

Er nannte seine neue Schöpfung Housingmaps. Die Seite wurde zu einem sehr nützlichen Instrument für Leute, die eine Unterkunft suchten, wirkte aber oberflächlich gesehen keineswegs bahnbrechend. Trotzdem wurde dieses Mashup ein typisches Beispiel für weitere Kreationen dieser Art, nicht wegen des Inhalts sondern wegen der Technik, die der Seite zu Grunde lag.

Nach bekannt werden des Verfahrens erschienen im Web praktisch täglich ähnliche Mashups, die sich diese Technik zu Nutze gemacht haben. Die meisten sind Varianten von Housingmaps, die einen Daten-und Inhaltsquelle miteinander verknüpft haben und generieren auf diese Weise die geografische Darstellung von Informationen, die mit bestimmten Adressen in Zusammenhang stehen. Mashups unter Verwendung von Google Maps sind mit einer Vielfalt von Funktionen im Web erschienen, etwa um Tatorte von Verbrechen zu lokalisieren oder um die Wohnsitze prominenter Persönlichkeiten zu outen. Ein weiteres Beispiel wäre CheapGas, ein Service für Preisbewusste, der Google Maps mit GasBuddy mischt, um die Tankstellen mit den niedrigsten Preisen zu lokalisieren.

Doch zu Beginn dieser Entwicklung waren die Schnittstellen für Entwickler, die APIs noch nicht von Google freigegen. Doch anstatt den Entwicklern eine Armee von Anwälten auf den Hals zu schicken, erkannte Google das Potenzial und öffnete seine APIs.

Bei einer offenen Plattform schafft ein Unternehmen eine breite Bühne, auf der verschiedene Partner, neue Unternehmen aufbauen oder einfach neue Werte für die Plattform schaffen können.

Eine Plattform kann ein Webdienst wie der von Google sein. Aber es kann auch ein E-Commerce-System sein, wie das von Amazon, zum Anbieten, Kaufen und Vertreiben von Gütern. Dieses E-Commerce-System kann man auch mit einer Menge von Anwendungen koppeln. Diese Anwendungen entstehen wenn das Unternehmen seine Softwaredienste und Datenbanken durch Schnittstellen für Anwendungsprogrammierung (APIs) öffnet.

Zum Beispiel werden 50 Prozent aller Waren bei eBay heute automatisch von den Warenwirtschaftssystemen dritter Anbieter hochgeladen, die eBay als alternativen Verkaufskanal nutzt. Amazon gibt 150 000 Softwareentwicklern Zugang zu seiner Produktdatenbank und seinen Zahlungssystemen, damit sie ihre eigenen Angebote auf den Markt bringen können. Diese Art bei den Unternehmen als Partner einzusteigen nennt man assoziierte Geschäfte: Seiten, die ihre eigenen Waren unter Verwendung der Schnittstelle und des Zahlungsverfahrens von Amazon und beispielsweise Musik-

Downloads von Apple auf ihrer eigenen Seite verkaufen, um ihr eigenes Angebot zu erweitern oder attraktiver zu machen.

Mit seinen 975 000 aktiven Verkäuferkonten, gut 150 000 Entwicklern und einem Anteil von 28 Prozent am Gesamtumsatz im zweiten Quartal 2005, der durch Dritte generiert wurde kann man behaupten das Amazon sich am besten darauf versteht, sich einer partizipativen Plattform zu bedienen.[15] Durch die partizipative Plattform von Amazon werden zwei Dinge gefördert: Innovation und virales Wachstum.

Wenn ein Unternehmen eine Plattformerweiterung programmiert, hat Amazon kaum Risiko und Kosten, wenn man von der Aufrechterhaltung der Webdienste absieht. Dazu kommt das Amazon und die Entwickler davon profitieren wenn sich eine Anwendung als umsatzsteigernd auswirkt.

Inzwischen bauen diese externen Entwickler geniale Anwendungen. Sie reichen von Websites, die den CD-Katalog von Amazon nach den Songs ordnen, die von den wichtigsten Radiosendern am häufigsten gespielt werden, bis zu einer Anwendung für Messaging, mit der MSN- und AOL-Kunden einen Bot von Amazon ansprechen können, der sie dann wiederum mit Links zu allen relevanten Produkten versorgt. Wer immer noch gerne in der materiellen Welt einkauft, aber bessere Online-Angebote trotzdem nicht verpassen will, für den gibt es ScanZOOM. Der Nutzer kann in einem Geschäft den Strichcode des Produkts mit dem Foto-Handy aufnehmen und bekommt dann sofort Preisvergleiche und Produktinformationen über die vergleichbaren Waren bei Amazon.

Damit schafft Amazon eine sehr große Kundenbindung und eine hohe Transparenz bei Verkäufen.

Es gibt mittlerweile unzählige solcher Webdienste, was beweist welches riesige Potenzial hinter einer solchen partizipativen Plattform liegt. Google oder Amazon ist es im Endeffekt gleichgültig wer den Kontext einzelner Interaktionen im Web kontrolliert: Wenn ihre Anwendungen omnipräsent sind, umso besser. Es ist als ob die Unternehmen eine Armee von Forschungs- und Entwicklungsleuten beschäftigen, für die sie nicht bezahlen müssen.

---

[15] Tapscott, D. und Williams, A. D. (2007): Wikinomics: Die Revolution im Netz. S.195. Carl Hanse Verlag, München, Deutschland

8   Fazit

Die Business-Welt ist im Wandel und erfindet sich teilweise neu. Wir stehen am An-
fang des 21. Jahrhunderts und die Zeichen stehen auf Sturm. Es wird einen Sturm geben, der einen grundlegenden Strukturwandel in vielen Unternehmen hervorruft.

In der Vergangenheit haben sich Unternehmen immer in strikt hierarchischer Form or-
ganisiert. Die Organisationen waren meist vertikal integriert. Es gab immer jemanden,
oder eine Firma, der oder die für alles verantwortlich war, alles kontrollierte und ganz
oben in der Nahrungskette stand. Die Hierarchien verschwinden sicher nicht, weil es
immer jemanden an der Spitze geben wird, aber tiefgreifende Veränderungen bei Tech-
nologie, Demografie und in der globalen Wirtschaft lassen mächtige neue Produktionsmodelle entstehen. Diese Produktionsmodelle setzen vor allem auf Gemeinschaft, Zusammenarbeit und Selbstorganisation und weniger auf Hierarchie und Kontrolle.

Das Marketing in sozialen Netzwerken wird sich vor allem im Bereich der Kommunikation ändern. Wer aber Kommunikation beeinflussen will, muss Teil von ihr werden. So
lautet ein klassischer Marketing-Grundsatz. In einer sozial vernetzten Welt sind daher
Strategien und Taktiken gefragt, die soziale Netzwerke und Social Media Tools selbst
nutzen, um Marken bekannter zu machen oder Produkte und Dienstleistungen an den
Mann zu bringen.

Web-2.0 bietet heute schon so viele neue Möglichkeiten und den Unternehmen stehen
viele neue Wege offen die nur darauf warten beschritten zu werden.

Literatur- und Quellenverzeichnis

- **Computer Zeitung**, Heft 38, 2008, S. 9
- **Horn,D und Fiene,D (2008):** Mitmachen im Web 2.0. Das Blogger-Buch, Franzis Verlag GmbH, Deutschland
- **Tapscott, D. und Williams, A. D. (2007):** Wikinomics: Die Revolution im Netz. Carl Hanser Verlag, München, Deutschland
- http://de.wikipedia.org/wiki/Soziales_Netzwerk_(Informatik), Zugriffsdatum 16.12.08
- http://de.wikipedia.org/wiki/Soziales_Netzwerk_(Soziologie), Zugriffsdatum 16.12.08
- http://de.wikipedia.org/wiki/Wikis, Zugriffsdatum 16.12.08
- http://faz-community.faz.net/blogs/netzkonom/archive/2008/06/30/quot-virales-marketing-ist-vollkommen-252-berbewertet-quot.aspx, Zugriffsdatum 16.12.08
- http://faz-community.faz.net/blogs/netzkonom/archive/2008/06/30/quot-virales-marketing-ist-vollkommen-252-berbewertet-quot.aspx, Zugriffsdatum 16.12.08
- http://www.connectedmarketing.de/cm/2006/01/was_ist_viral_m.html, Zugriffsdatum 16.12.08
- Werben & Verkaufen, Heft Nr. 45, 2008

www.ingramcontent.com/pod-product-compliance
Lightning Source LLC
La Vergne TN
LVHW042320060326
832902LV00010B/1634